VIVE LE
C.S.O

petit à petit

W0382666

Quand ton cheval **est dans ton délire...**

Il faut qu'on vous dise tout de suite la vérité .

Ce livre aurait du s'appeler **CSO de merde !**

Toutes les photos de cet album viennent en effet du site et de la page facebook

csodemerde.com

Un lieu unique où tous les amoureux de CSO partagent leurs plus belles aventures qui se terminent souvent le nez dans la poussière.

CET ALBUM EST FAIT POUR EUX ET QU'ILS SOIENT ICI TOUS REMERCIÉS.

Continuez à nous envoyer vos plus belles photos afin que toute la communauté se tape des barres !

En attendant amusez-vous bien en feuilletant les pages de cet album qu'on a finalement appelé

Vive le CSO

Car quelle que soit la chute, le principal c'est de remonter !

Joseph Lambert
Fondateur de CSO de merde

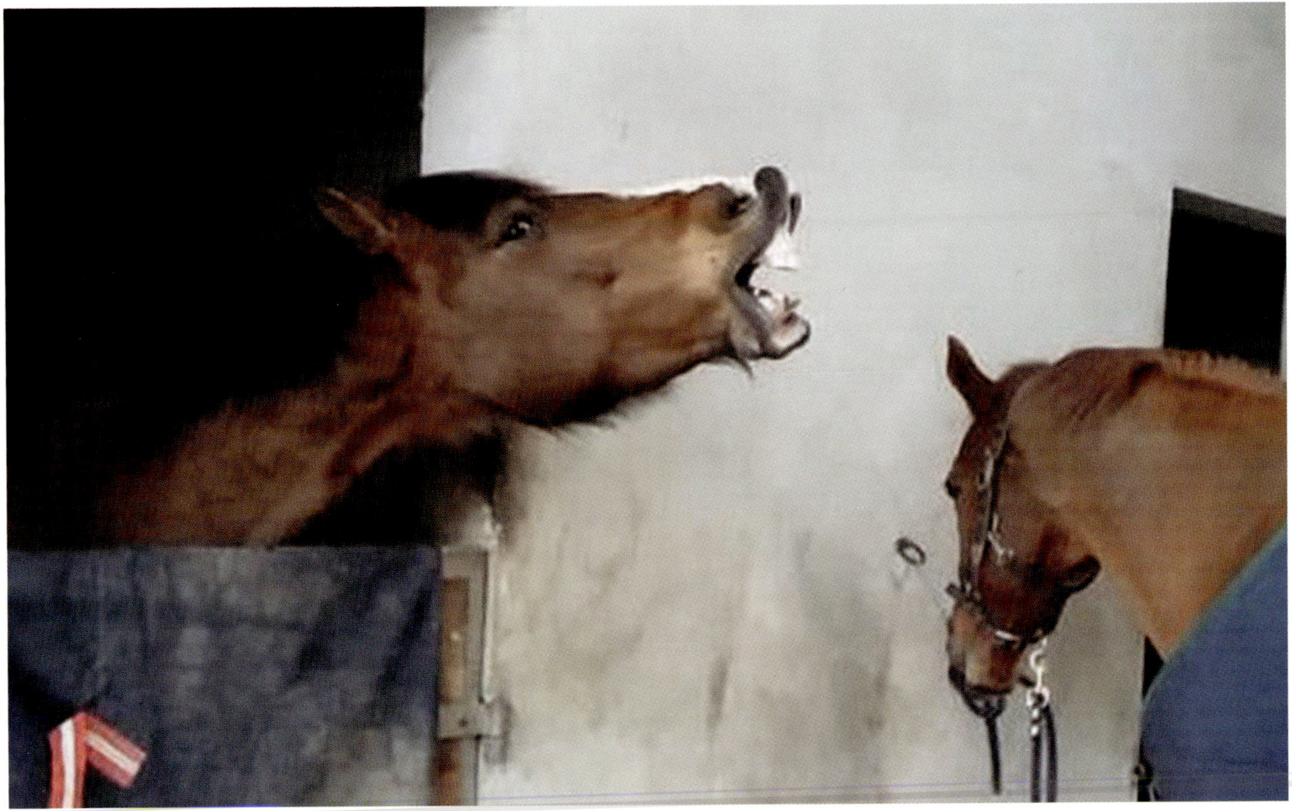

Quand t'as fait une **bêtise** et que ta jument **te gueule dessus**...

C'est pas grave **j'irai sans toi.**

C'est pas grave j'étais fatigué...

Oui c'est ma position normale **pourquoi ?**

Mon cœur me dit oui mais **ma flemme** me dit non.

Mais attends t'as un pion qui est mal mis !

Tel un **ninja** !

Quand on aime on ne compte pas.

Si je tombe je t'emmène avec moi

Bon allez on **tente la roulade**.

Quand t'en as marre de sauter, aprend à ton cheval à danser.

Sans faute ! Il y a quoi maintenant ?

Le moment fatidique où tu perds espoir de ne plus toucher le sol.

Comment choper des fraises en scred.

17

Tu le sens que tu vas basculer là ?

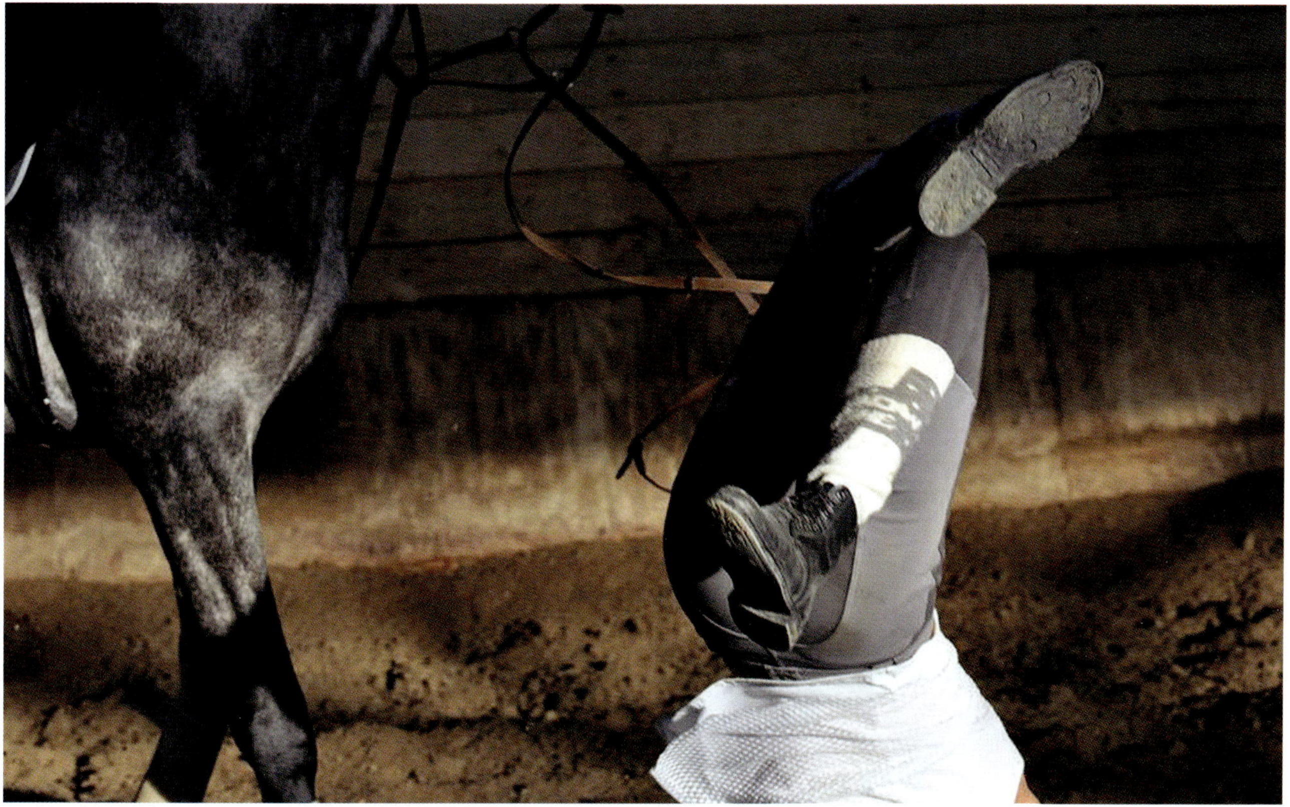

Voila ! enfin un beau mouvement de **hip hop** !

En équitation **c'est le cheval qui fait tout** qu'ils disaient ?

Marcel **finis ton tour** avant d'enlever le filet.

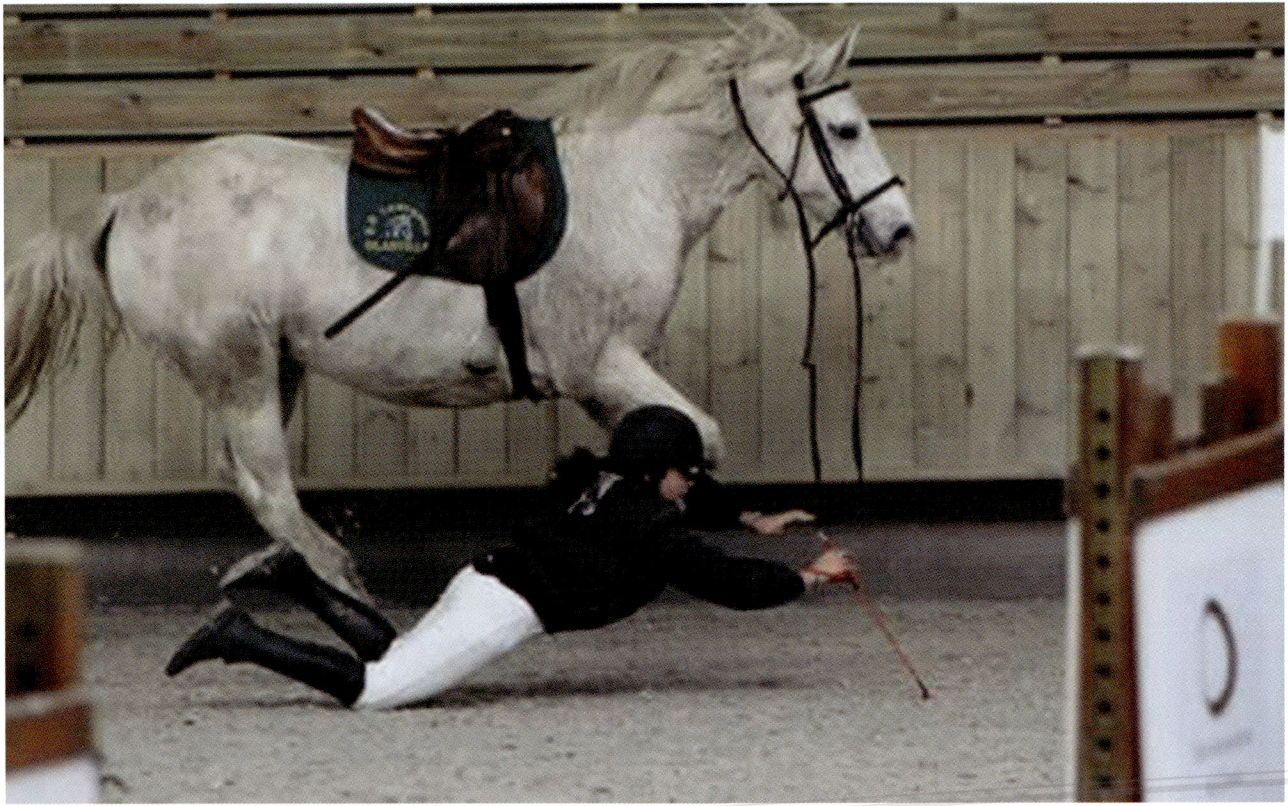

Photo finish...

I'm Fabulous.

Je vais mettre un panier c'est toi le ballon...

Même pas peur !

Non c'est pas une spa **regarde pas !**

Sables mouvants !

Fausse joie !

Apparemment t'aime bien y aller **donc ne te gêne pas...**

On remonte ni vu ni connu.

Tant que je ne touche pas le sol je ne suis pas éliminé !

Quand ton cheval te fait rire à t'en rouler par terre...

Deux secondes **je me gratte**...

C'est l'histoire d'un cheval mort de rire.

Pile au moment de l'impact !

Non pas là ! **Noooooonnnnn !!!!!**

L'important c'est pas la chute, mais **l'atterrissage**.

La réception va être **compliquée** !

C'est le jour du concours **faisons le mort !**

Strike !

Quand tu confonds **le CSO et l'acrogym.**

Parfois le CSO demande **beaucoup de courage...**

Petite sieste tranquillou.

C'est cool les vacances.

Ici on tombe en faisant des figures.

Trop **blasée...**

Trahison !

C'est quoi ce pot de colle que t'as mis dans mon pré ?

Saute comme si tu prenais **une vague** !

Freine Gégé !

On bosse **l'aérodynamisme** aussi...

Non je me ferai pas éliminer !

C'est **la faute** du chandelier !

Tiens et si je goûtais la barre ?

Si tu veux te reconvertir dans les sports de glisse c'est possible !

Caché !

Effet d'optique parfait.

Comment **passer la frontière** facilement

On va attraper **le vif d'or** !

Problème de fer ou **t'as juste soif ?**

On rentre **le train d'atterrissage** !

On est pas **posés** là ?

Alors ça vient cet avoine ?!

Mais qui a mis **une poubelle** là ?

Voilà un cheval qui **aime le cirque !**

Autant être **ambitieux** non ?

Bah c'est pas l'épreuve de **saut en hauteur** ?

Quand il y a pas de soleil on essaie de le remplacer…

Il y en a marre des artifices **on va faire ça à l'ancienne.**

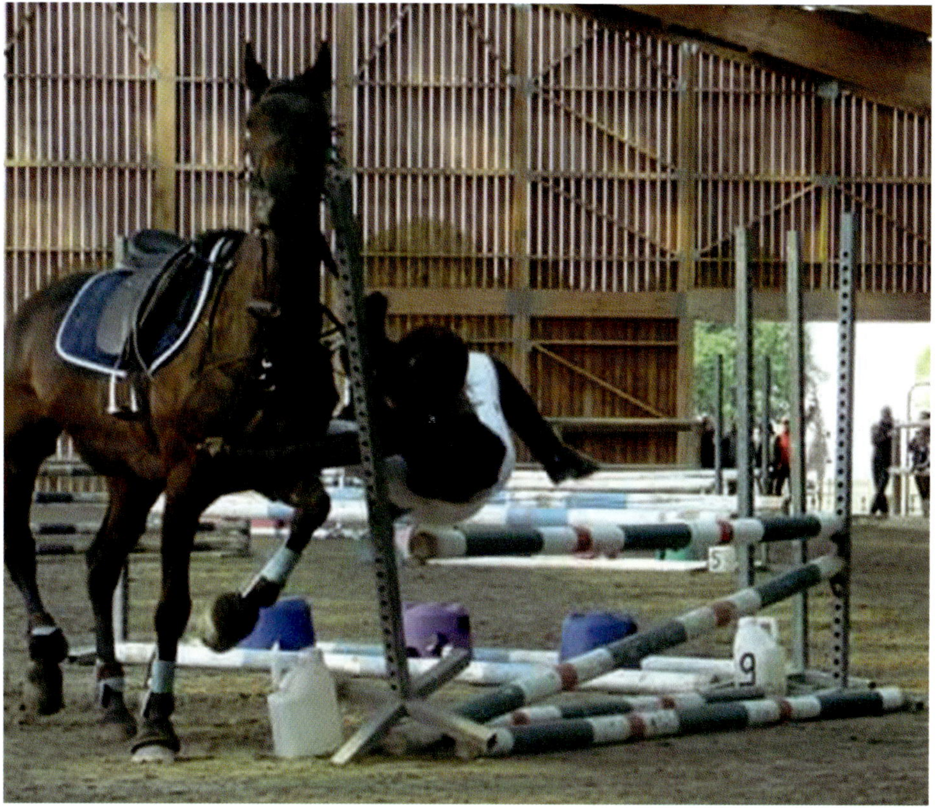

Encore un **strike** !

Quand ton cheval se prend
pour **un guerrier**...

Quand tu tombes et que
t'aimerais **disparaitre sous terre...**

Attends **je prend la pose** et je suis à toi.

Attends, **je ramasse un truc...**

Tu connais l'expression « **freiner des quatre fers** » ?

Continue sans moi je te ralentis.

Paré à l'atterrissage !

Oh non regarde **une déviation !**

Pour dominer sa peur il faut lui foncer dessus.

Ne me quitte pas !

C'est la **pause syndicale.**

Un coca et une carotte svp.

Fourbe **comme une chèvre** !

Même pas mal !

Ne pas salir son pantalon, **ne pas salir son pantalon !**

Quand **tu félicites** ton cheval d'avoir sauté **...sans toi !**

Roulade avant pour finir avec style.

Double faceplant.

Non pas un **jour de pluie** !

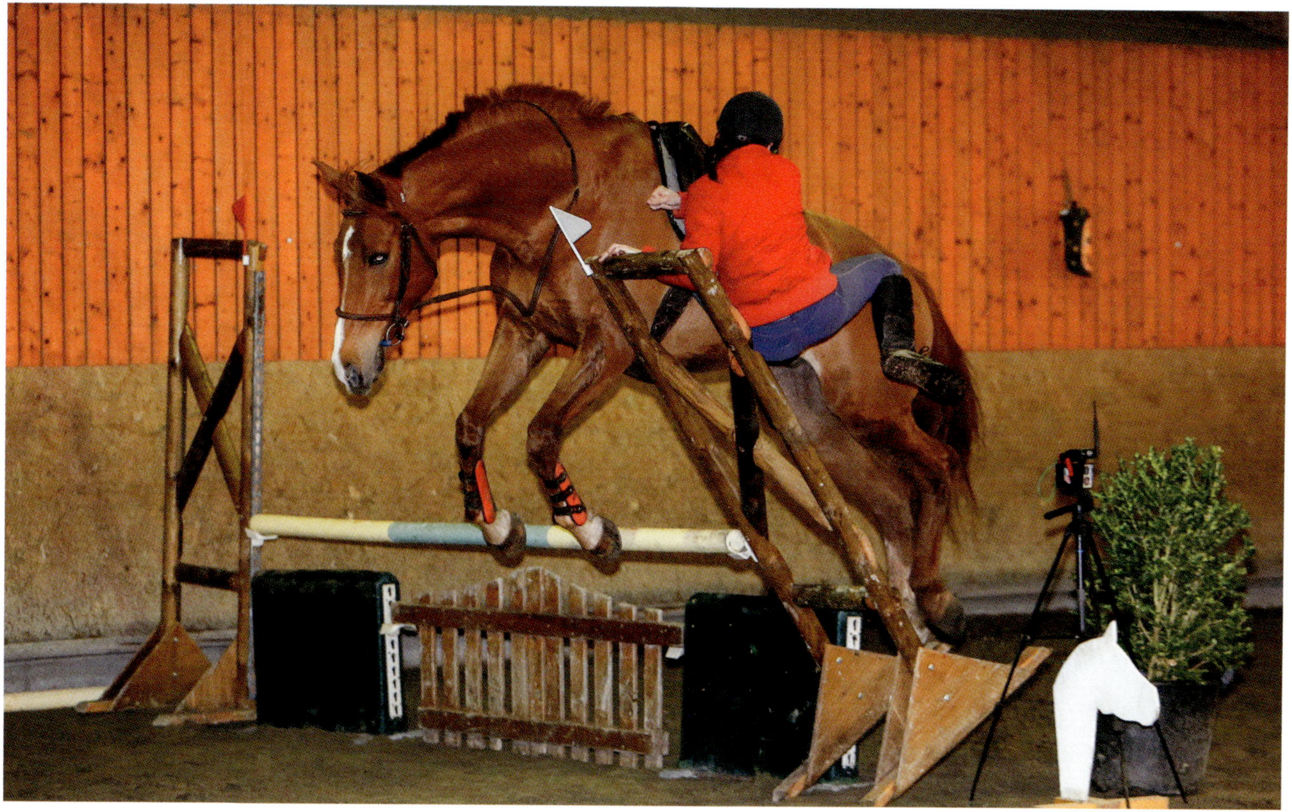

High-kick dans le chandelier.

Tel maître tel cheval.

Bon on va dire que **l'obstacle est franchi** hein !

Comment **forcer** un barrage.

SUPERMAN !

Lancement en orbite dans 3... 2... 1...

Vas-y, sors **le tuyau d'arrosage !**

Merci pour la chute !

Bien planqué derrière la haie, personne ne me verra.

Alors là il faut m'expliquer **comment c'est possible** !

Me lâche pas !

Drapeau !

Un mur nous sépare…

La piscine c’est par là !

Je m'en fous **je passe** !

Deux secondes avant impact... merci la bombe !

Regarde ton obstacle, **c'est là où tu vas finir** !

On fait **l'étoile** ?

Le père noël a raté son arrivée !

Le club tourne un nouveau clip, bientôt sur les écrans !

Jusqu’ici tout va bien…

La seconde à laquelle tu sais que t'es perdu...

Je voulais mettre **un trou de plus** à la jugulaire !

T'en as oublié une non ?

C'est bien mais la prochaine fois fais le **au dessus des obstacles** non ?

Le confort avant tout...

On quitte le navire ?

Tel un cow-boy…

...qui tombe !

Saut en hauteur monté, **bientôt aux JO**...

Il y a le mec qui me plaît **je me cache** !

On ne m'a pas encore appris à sauter moi !

Une georgette après l'obstacle, ça c'est original !

Largué en pleine cambrousse.

Avec la cape **ça vole** mieux !

Au moins tu te taperas pas la moitié du parcours pour rien.

Le cheval qui sautait **même au dessus des ombres...**

La définition de **la solitude**.

Je t'adore mon poney !

Tiens une pastèque ça se mange ?

Nouvel entraînement de saute mouton.

Tu tentes le **salto** ?

Je ne fais que passer !

C'est bon **t'as repéré** où tu allais tomber là ?

Quand ton cheval rate son **drift**...

Tout va bien !

Trouver un cheval **aussi fou que soi** c'est l'essentiel.

Mi-Cheval mi-bélier...

Les obstacles **il faut les affronter** !

Tsunami !

Si ton cheval est vraiment mou, essaie de lui donner des coups de talons même au planer.

Quand t'es même prêt à **prendre une balle** pour ton cheval...

Et moi c'est quand que **tu me nourris ?**

Dans la même collection :

Remerciements :

Maxime Beurrier - Marie Guelpa - Laurie Goubil - Cedric vlemmings - Pegaz Picture
Benjamin Giordano, Maxime Pons, Lou Noirclere et la société « xrefen »
Pages Facebook : Centre équestre du grand vignoble - Horses-Videos - Passion Equestre - Loïc. L photo passion - Roro photographe

Studio PIXEL88

© Éditions Petit à Petit - 2016

www.petitapetit.fr

Imprimé en France chez Corlet.
ISBN : 979-10-95670-07-0 - Dépôt légal : novembre 2016.